BEI GRIN MACHT SICH IHR WISSEN BEZAHLT

- Wir veröffentlichen Ihre Hausarbeit,
  Bachelor- und Masterarbeit

- Ihr eigenes eBook und Buch -
  weltweit in allen wichtigen Shops

- Verdienen Sie an jedem Verkauf

Jetzt bei www.GRIN.com hochladen und kostenlos publizieren

Bibliografische Information der Deutschen Nationalbibliothek:

Die Deutsche Bibliothek verzeichnet diese Publikation in der Deutschen National-
bibliografie; detaillierte bibliografische Daten sind im Internet über http://dnb.d-
nb.de/ abrufbar.

Dieses Werk sowie alle darin enthaltenen einzelnen Beiträge und Abbildungen
sind urheberrechtlich geschützt. Jede Verwertung, die nicht ausdrücklich vom
Urheberrechtsschutz zugelassen ist, bedarf der vorherigen Zustimmung des Verla-
ges. Das gilt insbesondere für Vervielfältigungen, Bearbeitungen, Übersetzungen,
Mikroverfilmungen, Auswertungen durch Datenbanken und für die Einspeicherung
und Verarbeitung in elektronische Systeme. Alle Rechte, auch die des auszugsweisen
Nachdrucks, der fotomechanischen Wiedergabe (einschließlich Mikrokopie) sowie
der Auswertung durch Datenbanken oder ähnliche Einrichtungen, vorbehalten.

Impressum:

Copyright © 2009 GRIN Verlag, Open Publishing GmbH
Druck und Bindung: Books on Demand GmbH, Norderstedt Germany
ISBN: 9783640510122

Dieses Buch bei GRIN:

http://www.grin.com/de/e-book/140572/von-der-inszenierung-des-politischen-zum-
politainment

Jan-Hendrik Schott

Von der Inszenierung des Politischen zum Politainment

GRIN Verlag

GRIN - Your knowledge has value

Der GRIN Verlag publiziert seit 1998 wissenschaftliche Arbeiten von Studenten, Hochschullehrern und anderen Akademikern als eBook und gedrucktes Buch. Die Verlagswebsite www.grin.com ist die ideale Plattform zur Veröffentlichung von Hausarbeiten, Abschlussarbeiten, wissenschaftlichen Aufsätzen, Dissertationen und Fachbüchern.

Besuchen Sie uns im Internet:

http://www.grin.com/

http://www.facebook.com/grincom

http://www.twitter.com/grin_com

JUSTUS-LIEBIG-UNIVERSITÄT GIEßEN

Seminar: Politische Kommunikation im Superwahljahr 2009

Sommersemester 2009

<u>Ausarbeitung des Referats zum Thema:</u>

„Von der Inszenierung des Politischen zum Politainment"

Von Jan-Hendrik Schott,

L3-Student im 8. Semester

Inhaltsverzeichnis

Seite

1. Einleitung _____ *3*

2. Wahlkampf _____ *3*

    2.1 Was ist ein Wahlkampf? _____ 3

    2.2 Funktionen eines Wahlkampfs _____ 4

3. Dimensionen der Inszenierung von Politik _____ *5*

4. Multioptionsgesellschaft _____ *6*

    4.1 Was ist die Multioptionsgesellschaft? _____ 6

    4.2 Wie wirkt sich die Multioptionsgesellschaft auf das Politische aus? _____ 7

5. Politik und Medien _____ *7*

    5.1 Modelle des Zusammenspiels von Politik und Medien _____ 7

    5.2 Talkshowisierung _____ 8

    5.3 Politainment _____ 10

10. Fazit _____ *11*

Literaturliste _____ *13*

1. Einleitung

Diese Referatsausarbeitung beschäftigt sich mit dem Thema „Von der Inszenierung des Politischen zum Politainment". Dabei möchte ich der Frage auf den Grund gehen ob Politik zwangsläufig inszeniert werden muss und welche Funktionen eine Inszenierung der Politik hat. Von Interesse ist hierbei vor allem die Frage ob die arrangierte Präsenz der Politik in den Massenmedien dem politischen System schadet oder es sogar stützt. Während eines Wahlkampfs bekommt die inszenierte Politik natürlich einen besonderen Stellenwert. Deshalb möchte ich auch auf dieses Thema eingehen.

Die moderne Multioptionsgesellschaft bildet einen Rahmen, der das Phänomen der Inszenierung von Politik beeinflusst und den politischen Akteuren vor neue Herausforderungen stellt. Hier lässt sich erkennen wie sehr sich politische Akteure selbst in den Medien produzieren und von den Medien produzieren lassen müssen.

Abschließend setze ich mich mit den Begriffen Talkshowisierung und Politainment auseinander. Sie sind die neuen Formen politischer Inszenierung.

2. Wahlkampf

2.1 Was ist ein Wahlkampf?

Seit dem Beginn organisierter menschlicher Gesellschaftsformen gibt es Wahlkämpfe. Um die Probleme die ein Staat hat und die daher das gesamte Volk betreffen, zu lösen werden, in repräsentativen Demokratien Vertreter aus dem Volk gewählt. Diese Personen (die politischen Akteure) werben um die Akzeptanz und Zustimmung der Bevölkerung. Hier entsteht eine Konkurrenzsituation, bei der es notwendig ist, besser als die Mitbewerber dazustehen. Um das Ziel der Stimmenmaximierung erreichen zu können, muss der politische Akteur Kommunikationsstrategien einsetzen, um mit der Bevölkerung in Kontakt zu gelangen, und sich und sein Programm vorzustellen. Hierzu ist ein Zugriff zu den Massenmedien essenziell, um einen Vorteil gegenüber seinen Mitstreitern zu erlangen.

Wahlen können also als „[…] Medienereignis betrachtet werden, in denen jeweils drei Faktoren eine Rolle spiele: die Parteien (selten: unabhängige Einzelkandidaten), die Medien selbst sowie die Wähler."[1]

---

[1] Dörner 2002 – Der Wahlkampf als Ritual. S.16.

2.2 Funktionen eines Wahlkampfs

Aber was soll das alles? Wozu einen Wahlkampf führen? Sind die Wähler nicht in der Lage ihren Interessen gemäß zu wählen, ohne lange auf die verschiedenen Parteien aufmerksam gemacht zu werden? Müssen denn die politischen Akteure den Wählern hinterherlaufen und ständig in Kameras grinsen, um Stimmen zu bekommen?

Dörner und Vogt formulieren sechs Funktionen, die ein Wahlkampf in modernen repräsentativen demokratischen Systemen erfüllt. Diese sollen im Folgenden vorgestellt werden.

Präsenz des politischen Akteurs

Ein Politiker den keiner kennt, der bekommt auch keine Stimmen. Der Wahlkampf verhilft ihm demnach dazu sich ins Gespräch zu bringen. Dazu bekommt die Partei die Möglichkeit ihr Programm vorzustellen, und ihre Positionen zu aktuellen Geschehnissen zu äußern und publik zu machen.

Schaffung einer positiven Grundeinstellung innerhalb der eigenen Partei: „Feel-Good-Faktor"

Der Wahlkampf kann dazu führen die eigenen Parteimitglieder zu motivieren, und hinter sich zu scharen. Mit dem Rückhalt in der eigenen Partei geht eine allgemein positive Grundstimmung einher. Dies wirkt sich positiv auf das Bild der Partei und des Kandidaten aus.

Mobilisierung des eigenen Wählerpotenzials

Ein Wahlkampf soll natürlich einer Partei zur Stimmenmaximierung verhelfen. Dazu ist es wichtig, die eigenen Stammwähler dazu zu bewegen an die Wahlurne zu gehen, und ihre Stimme abzugeben.

Da allerdings immer weniger Wähler fest zu einer Partei halten (Traditionswähler) verliert diese Funktion zunehmest an Bedeutung.

Motivierung und Anwerbung von Wählern, die noch unentschieden sind

Als besonders schwierig gilt es, Wechselwähler für sich zu gewinnen. Die Partei möchte die Stimmen der unentschlossenen Wähler gewinnen, die ihre Stimme aufgrund aktueller Situationen und Bedürfnissen abgeben. Die Stimmen dieser Wähler sind zunehmest wichtiger geworden, da es immer weniger Stammwähler gibt. Dies bedeutet natürlich auch, dass sich die politische Kommunikation immer mehr lohnt.

Mobilisierung der der Wählerschaft im Allgemeinen

Dies ist eine Funktion, die nicht unterschätzt werden sollte. Eine Wahl mit einer geringen Wählerbeteiligung lässt auf Instabilität des politischen Systems schließen. Eine hohe Wahlbeteiligung bedeutet daher immer auch eine Legitimation des demokratischen Systems. Dazu kommt, dass gerade Parteien aus dem extrem linken oder rechten politischen Spektrum in der Regel ihre Wähler mobilisieren können. Das bedeutet, dass jede nicht abgegebene Stimme die Stimmen den extremen Parteien mehr Gewicht verleiht. Daher liegt die allgemeine Mobilisierung von Wählerstimmen auch im Interesse der etablierten Parteien.

Wahlkampf als symbolische Funktion

Dies ist die wohl wichtigste Voraussetzung für die Stabilität eines politischen Systems. Der Wahlkampf bietet eine Plattform, um den „Demokratischen Mythos" zu inszenieren. Der Demokratische Mythos ist dabei weder falsch noch wahr. Er beschreibt das Ausmaß der Partizipationsmöglichkeiten der Bürger sowie der politischen Akteure und gibt somit jeglichen demokratischen Prozessen einen Sinn.

Ein Wahlkampf ist damit ein Ritus, der dem Mythos regelmäßig neue Überzeugung und daher auch dem System Stabilität verleiht.[2]

3. Dimensionen der Inszenierung von Politik

An dieser Stelle möchte ich nun der Frage nachgehen was durch eine Inszenierung von Politik erreicht werden möchte. Mit welchen Zielen inszenieren sich Politische Akteure in den Massenmedien? Hierzu lassen sich vier Dimensionen politischer Inszenierung ausmachen.

Zunächst hat die Inszenierung in den Medien eine **Signalfunktion**. Dies bedeutet, dass politische Akteure auf Verschiedenes aufmerksam machen. Dazu gehören Personen (beispielsweise Spitzenpolitiker oder Kandidaten auf ein bestimmtes Amt), das Programm einer Partei aber auch welche Themen aktuell für die politische Diskussion relevant sind und wie die Parteien zu diesen Themen positioniert sind.

---

[2] Vgl. Dörner 2002 – Der Wahlkampf als Ritual S. 16-17.

Dazu hat die politische Inszenierung eine **Reduktionsfunktion**. Dies bedeutet, dass komplexe politische Sachverhalte für möglichst viele Wähler auf einen verständlichen Umfang reduziert werden. Außerdem wird dabei auf die Unterschiede zwischen den verschiedenen Parteien und deren Programme hingewiesen. Mit der Reduktion wird das Ziel verfolgt, dass ein möglichst großer Teil der Bevölkerung in der Lage ist, die politische Diskussion zu verfolgen.

Dazu kommt die Funktion der **demonstrativen Handlungsfähigkeit**. Die politischen Akteure haben ein Interesse daran, der Wählerschaft deutlich zu machen, inwiefern sie in der Lage sind in politische Probleme einzugreifen, Dinge zu verändern und sie anzupacken. Um dies zu demonstrieren, werden Inszenierungen in den Medien eingesetzt. Anhand der inszenierten Bilder von einem G8-Gipfel oder einem Kommunalpolitiker, der bei der Eröffnung eines neu errichteten Krankenhausflügels, einer Schule oder Brücke zu gegen ist, soll die Wählerschaft sehen, was die politischen Akteure in der Lage sind zu verändern.

All diese Faktoren führen zu der Funktion einer **Orientierung bis hin zu politischer Identitätsfindung**. Durch die Inszenierung der Politik sollen die Wähler eine Urteilsfähigkeit erlangen und so in die Lage versetzt werden, sich selber zu den verschiedenen politischen Themen zu positionieren. Sie können so politische Diskussionen verfolgen und an ihnen Teil nehmen.[3]

4. Multioptionsgesellschaft

4.1 Was ist die Multioptionsgesellschaft?

Die Gesellschaft hat sich in den vergangenen Jahrzehnten verändert. Die heutigen, modernen Gesellschaften sind von einem hohen Maß an Individualisierung und einer damit einhergehenden Endtraditionalisierung gekennzeichnet. Dies beruht auf einem deutlichen Zuwachs an Optionen in nahezu allen Lebensbereichen. Es gibt heutzutage nicht nur ein größeres Medienangebot (Internet, hunderte von Fernseh- und Radiosendern, Zeitungen und Magazine) sondern auch eine Vielzahl an Wahlmöglichkeiten in allen anderen Bereichen des Alltagslebens (Produkte im Supermarkt, modische Stilrichtungen, Telefonanbieter etc.). Die Menschen sind also in der Lage ihre individuellen Wünsche, Vorstellungen und Geschmäcker durch die große Auswahl besser durchzusetzen als vor 30 oder 40 Jahren.[4]

---

[3] Vgl. Kamps 2007 – Politisches Kommunikationsmanagement S.: 135-136.
[4] Vgl. Dörner 2002 – Der Wahlkampf als Ritual, S. 20.

Die Wähler orientieren sich heute weniger an Traditionen. Das bedeutet, dass die Stammwählerschaften der Parteien stetig schrumpfen. Die Wählervergleichen was ihnen die Parteien bieten können und geben nur derjenigen ihre Stimme, die ihre individuellen Vorstellungen (scheinbar) am besten vertritt. Dies ist ein Grund dafür, warum die Zahl der Wechselwähler in Deutschland steigt.

Die politischen Akteure müssen sich also als eine Art Dienstleistungsunternehmen verstehen. Der Wähler bezahlt dabei mit seiner Stimme. Um diese Stimme zu bekommen, müssen die Parteien eine attraktive Präsentation darbieten, da die meisten Wähler sich nicht die Mühe machen, die einzelnen Wahlprogramme zu lesen und zu analysieren. Sie beschäftigen sich also weniger aus eigener Motivation heraus mit der Politik. Deshalb müssen die Parteien auf die Bevölkerung zugehen, indem sie professionelle Medienkampagnen produzieren, um sich selbst und ihre Kandidaten zu inszenieren.[5]

Die Multioptionsgesellschaft verlangt also nicht nach mehr Parteien und Personen, sonder nach einer vielfältigeren Inszenierung im breiten Spektrum der Medien, um Wählerstimmen zu erlangen. Dabei verkauft der Politiker ein Produkt, nämlich die attraktive Präsentation der Sachpolitik, durch die Inszenierung. Hier spielt das politische Emotionsmanagement eine nicht unerhebliche Rolle. Es bedient sich der Beeinflussung des „subjektiven Faktors" der Politik. Besonders während einer Krise (Elbhochwasser 2002, Anschläge vom 11.September 2001 etc.) kann diese Variante eine besonders große Wirkung haben.

Dazu tragen die Medien einen entscheidenden Teil bei. Sie könne eine Differenzierung zwischen der politischen Wirklichkeit und der Inszenierung vornehmen oder darauf aufmerksam machen.[6]

5. Politik und Medien

5.1 Modelle des Zusammenspiels von Politik und Medien

Im Inszenierungsprozess der Politik spielen die Medien eine Schlüsselrolle. An dieser Stelle soll einmal das Verhältnis dieser beiden Akteure zueinander dargestellt werden. Dazu beschreibt Kamps drei Modelle des Zusammenspiels von Medien und Politik.

Das **konservative Modell** betrachtet Politik und Medien als zwei voneinander getrennte Systeme. Die Politik handelt demnach nach dem Code der Macht, während sich die Medien nach dem Code der Aufmerksamkeitserzeugung richten. Dabei entsteht ein Kontakt

---

[5] Vgl. Dörner 2002 – Der Wahlkampf als Ritual, S. 21.
[6] Vgl. ebd. S. 21.

zwischen beiden einzig und allein durch eine Interessenüberschneidung. Politik in den Medien wäre demzufolge lediglich eine funktionelle Zusammenarbeit der beiden Systeme, wobei jedes seine Vorteile daraus zieht.[7]

Dem entgegen steht das **revolutionäre Modell**. Es beschreibt die Verschmelzung beider Systeme zu einem übergeordneten Supersystem. Dieses folgt dabei den medialen Aufmerksamkeitsregeln. Dabei stellt sich die Frage der verbleibenden Restautonomie der beiden ursprünglichen Systeme. Eine komplette „Verschmelzung" der Politik mit dem Mediensystem ist überspitzt formuliert, da das Herstellen von verbindlichen Entscheidungen für den Staat nicht auf das Supersystem übertragen werden kann. Andererseits schwindet die Autonomie des Einzelnen aufgrund steigender Abhängigkeiten voneinander. Im Großen und Ganzen läuft es dabei auf eine Art der Arbeitsteilung bei der Produktion und Inszenierung der Politik (vor allem symbolischer Politik) hinaus.[8]

Das **gemäßigte Modell** hingegen spricht von einer Überlappung der beiden Systeme. Dabei wird darauf hingewiesen, dass sich die Politik auch selbst präsentiert und dies nicht ausschließlich den Medien überlässt. Andererseits braucht die Politik die Medien auch, um Resonanzen für Positionen und Themen zu bekommen. Dabei kann analytisch noch eine Trennung der Handlungs- und der Vermittlungsebene gezogen werden. Praktisch sei diese Unterteilung aber kaum noch brauchbar. Eine Partei kann also politische Themen in den Medien ansprechen und über die Resonanz erkennen ob es sich für das Programm eignet oder nicht, oder ob es Diskussionen mit Journalisten oder anderen Politikern standhält. So gesehen würde das Mediensystem einen nicht unerheblichen Beitrag zur Erstellung eines Wahlprogramms leisten und man müsse von der Vorstellung Abstand nehmen, dass die Programme parteiintern und unter Ausschluss der Öffentlichkeit entstehen.[9]

5.2 Talkshowisierung

Als das Ehepaar Clinton 1992 in der Arsenio Hall Show auftrat, war das der Startschuss zum Phänomen der Talkshowisierung. Politische Akteure sind in Fernsehshows zu sehen.

Wie bereits im Abschnitt „Multioptionsgesellschaft" beschrieben, hat sich die Medienwelt verändert. Es gibt mehr Fernsehsender und mehr Fernsehformate als in den vergangenen Jahrzehnten. Die Politik muss sich dieser Veränderung anpassen, um weiterhin erfolgreich Aufmerksamkeit zu erzeugen. Dazu nutzen politische Akteure die verschiedensten Fernsehformate, um sich zu inszenieren. Die Medien haben eine Vielzahl populärer

---

[7] Vgl. Kamps 2007 – Politisches Kommunikationsmanagement, S. 136.
[8] Vgl. ebd. S. 136-137.
[9] Vgl. ebd. S. 137-138.

Fernsehformate erzeugt, die bei Zuschauern verschiedener Bevölkerungsgruppen beliebt sind. Dazu gehören die politische Talkshow, Diskussions- oder Interviewsendungen sowie Unterhaltungssendungen.

Dabei besteht für den politischen Akteur immer ein gewisses Risiko, da er die mediale Inszenierung nicht zu 100% steuern kann. Es könnte also vorkommen, dass eine Frage, auf die er nicht ausreichend vorbereitet ist, dazu führt, dass er aus dem Konzept kommt und sein Image darunter leidet.[10]

Durch die Verschiedenheit der Fernsehshows bekommt der politische Akteur natürlich auch die Gelegenheit, eine möglichst breite Masse mit seiner Inszenierung zu erreichen. Die einzelnen Shows verlangen dabei jeweils eine andere Rolle von ihm. Wichtig ist dabei, dass er die Rollen auch spielen kann und natürlich dass sie authentisch wirken. Andernfalls kann es auch eine Schädigung der gesellschaftlichen Akzeptanz mit sich ziehen.[11]

Auf dem Weg der Talkshowisierung können also politische Themen in einer unterhaltenden / populären Form ausgestrahlt werden. Dabei werden viele Menschen erreicht und mitunter ein Interesse für politische Sachverhalte geweckt. Durch die Reduzierung der komplexen Themen auf einen verständlichen und überschaubaren Rahmen kann der politische Akteur zusätzlich punkten, da ihn das Volk versteht. Zusätzlich kann er die entstehenden Emotionen (die in einer politischen Talkshow deutlicher als bei einer Bundestagsdebatte auszumachen sind) für seine Kampagne nutzen. Damit das auch gelingt, gilt es ein angemessenes Auftreten zu inszenieren. Dazu gehört neben der Ausstrahlung auch die Fähigkeit Probleme zu lösen (Lösungsvorschläge in der Show zu präsentieren), und eine gewisse Schlagfertigkeit zu besitzen.

Kritisch kann an dieser Entwicklung betrachtet werden, dass reduzierte politische Themen den Zuschauer nie umfassend über einen Sachverhalt aufklären. Die Darstellung der Themen dient dabei den politischen Akteuren zu ihrer Inszenierung und lässt somit die Frage im Raum stehen, inwiefern der Zuschauer in der Lage ist sich ein politisches Urteil zu bilden. Andererseits führt die Talkshowisierung dazu, dass sich die Entscheidungspolitik von der Darstellungspolitik weiter entfernt. Es entsteht also ein Bild von der Politik, welches sich nicht mit der tatsächlichen politischen Arbeit eines Abgeordneten deckt. Wenn sich die Politik und deren Darstellung zu sehr unterscheiden, kann das zu Frustration in der Bevölkerung und zu einem starken Vertrauensverlust führen.[12]

---

[10] Vgl. Kamps 2007 – Politisches Kommunikationsmanagement, S. 140.
[11] Vgl. ebd. S.141-142.
[12] Vgl. ebd. S.142-143.

5.3 Politainment

Die Fernsehkultur lässt einen Wandel erkennen bei dem Privates und Öffentliches immer mehr miteinander verschmelzen. Bei der Auflösung der Grenzen zwischen diesen beiden getrennten Bereichen, können wir täglich in einer Reihe von Reality-Shows, Doku-Soaps, Talk- oder Beziehungsshows zuschauen.

Diesem Trend folgt die Politik indem sie zunehmend ihren Platz in Unterhaltungsformaten findet. Berühmte Beispiele dafür sind die Auftritte von Guido Westerwelle bei Big Brother und Bundeskanzler Gerhard Schröder in der Daily-Soap „Gute Zeiten, schlechte Zeiten". Dabei findet eine enge Bindung politischer und unterhaltender Kommunikation statt. Dieses Phänomen nennt sich Politainment. Hier steht die Unterhaltung vor dem Politischen, mit dem Ziel mehr Zuschauer zu bekommen.[13]

Es wird unterschieden in die Begriffe „politische Unterhaltung" und „unterhaltende Politik". Politische Unterhaltung ist ein Produkt des Mediensystems. Dabei nutzen die Medien politische Personen, Themen oder Ereignisse und in eine Unterhaltungssendung einbaut. Unterhaltende Politik hingegen gibt es dann, wenn politische Akteure in den Medien auftreten um sich zu inszenieren.

Es lassen sich vier Funktionen des Politainment ausmachen.

1. Konkretisieren von Politik

Indem konkrete politische Themen in den Medien auftauchen, wird der Wähler in die Lage versetzt, auf relativ einfachem Weg dem politischen Geschehen zu folgen. Politik wird dabei sichtbar und erlebbar gemacht.

2. Fokussieren von Themen und Personen

Das breite Feld politischen Handelns wird auf wenige Themen und Personen reduziert. Dies erleichtert dem Zuschauer den Zugang zu aktuellen Problemlagen.

3. Konstruieren von Mustern

Indem die politischen Themen in ihrer Komplexität reduziert werden, lassen sich Vorstellungs- und Verhaltensmuster konstruieren. Dies kann zu einem besseren Verständnis des Politischen führen.

---

[13] Vgl. Kamps 2007 – Politisches Kommunikationsmanagement, S. 148.

4. Emotionalisieren von Politik

Anders als in den Plenardebatten des Bundestags lässt sich den politischen Sachverhalten eine emotionale Note geben. Themen können mit Bildern oder Musik untermalt werden. Dazu können die Politiker selbst emotional in den Medien auftreten. Dies kann - gerade weil in der Regel auch häufig dieselben bekannten Personen in den Medien erscheinen - zur Identifikation des Zuschauers führen.[14]

Dabei bietet das Politainment für den politischen Akteur immer auch Gefahren. Wenn er die emotionale Verfassung des Publikums nicht richtig einschätzt, so kann die Darstellung der Politik fehlschlagen. Er muss also stets gut vorbereitet sein, damit die Auftritte in den Medien nicht die politische Arbeit behindern.[15]

Politainment bedeutet also, dass die Politik auf die Wähler zugeht, wodurch es dem Medienkonsumenten leichter gemacht wird, sich über aktuelle politische Themen und Debatten zu informieren und zu positionieren. Dies verfolgt natürlich die Ziele der Medien (Zuschauermaximierung) und der Politik (Stimmenmaximierung). Daher sollte sich der Zuschauer immer die Frage stellen inwiefern das gezeigte Bild von der Politik der politischen Realität entspricht.[16]

10. Fazit

Es lässt sich also festhalten, dass Politik schon immer inszeniert worden ist. Dies ist eine Notwendigkeit, um den Wählerinnen und Wählern aktuelle politische Probleme und die jeweiligen Positionen der politischen Akteure Nahe zu bringen. Dies nutzt nicht nur dem Politiker, sondern führt auch zu einer Stabilisation eines repräsentativen, demokratischen Systems. Denn der Wähler, der weder Politiker noch deren Positionen zu politischen Problemen kennt, sieht auf kurz oder lang nur noch wenig Sinn im Wahlakt.

Die Politik hat sich dabei in ihrer Vermittlung den Veränderungen des Mediensystems angepasst. Dies hat zur Folge, dass das Politische auf viele verschiedene Arten und in vielen verschiedenen Medienformaten auftritt. Das führt dazu, dass es für den Zuschauer leichter geworden ist, politischen Debatten zu verfolgen und sich selber zu positionieren. Außerdem kennt er einige politischen Personen und baut eine emotionale Beziehung zu ihnen auf - sei es durch Zustimmung oder Ablehnung.

---

[14] Vgl. Kamps 2007 – Politisches Kommunikationsmanagement, S. 149-150.
[15] Vgl. ebd. S.151
[16] Vgl. ebd. S.153

Andererseits sind die Themen in ihrer Komplexität reduziert. Dies hat zur Folge, dass die Themen verständlich sind und der Zuschauer schnell versteht worum es geht. Allerdings wird so ein Sachverhalt nie umfassend dargestellt. Es fehlt also eine Fülle an Informationen, die dazu nötig sind, sich ein eigenes Urteil zu bilden. Der Zuschauer bekommt demnach ein gefiltertes Bild vermittelt und ist dazu aufgefordert, sich eigenständig mit der Politik auseinanderzusetzen.

Die Inszenierung von Politik läuft heute täglich auf den verschiedenen Medienkanälen. Überall sind Politiker zu sehen und zu hören. Sie geben hier ein Interview, diskutieren dort und treten anschließend in einer Unterhaltungsshow auf. Dies beansprucht sehr viel Zeit und Energie. Es bleibt also die Frage offen, ob die Inszenierung und Darstellung der Politik die eigentliche politische Arbeit behindert.

Literaturliste

- Dörner, Andreas/ Vogt Ludgera (2002): Der Wahlkampf als Ritual. Zur Inszenierung der Demokratie in der Multioptionsgesellschaft. In: Aus Politik und Zeitgeschichte, H. 15-16, S. 15–22.

- Kamps, Klaus (2007): Politisches Kommunikationsmanagement. Grundlagen und Professionalisierung moderner Politikvermittlung. Wiesbaden: VS Verlag für Sozialwissenschaften | GWV Fachverlage GmbH Wiesbaden (Springer-11776 /Dig. Serial]). Online verfügbar unter http://dx.doi.org/10.1007/978-3-531-90251-7.

BEI GRIN MACHT SICH IHR WISSEN BEZAHLT

- Wir veröffentlichen Ihre Hausarbeit,
  Bachelor- und Masterarbeit

- Ihr eigenes eBook und Buch -
  weltweit in allen wichtigen Shops

- Verdienen Sie an jedem Verkauf

Jetzt bei www.GRIN.com hochladen und kostenlos publizieren